AVIS

AUX MINISTRES

SUR LA SEPTENNALITÉ.

A SENS, IMPRIMERIE DE THÉODORE TARBÉ.

AVIS

AUX MINISTRES

SUR LA SEPTENNALITÉ,

EXTRAIT

DES LETTRES A MON FILS
SUR LA RÉVOLUTION,

Par M. Taillandier,

PRÉSIDENT DU TRIBUNAL CIVIL DE SENS.

A PARIS,

Chez ~~DESENNE~~, Libraire, au Palais-
Royal, galerie de bois ;

Et chez les Marchands de Nouveautés.

MARS 1824.

EXTRAIT

DE LA LETTRE XXXIÈME,

Sur l'Ordonnance du 5 Septembre 1816.

———————

. . . .
. . . . Lorsque l'homme, comme
être intelligent, a considéré une doctrine,
et lui a donné la qualification de *libérale,*
il ne faut pas croire qu'il ait par-là donné
un caractère réel à cette doctrine, et qu'il
résulte de la qualification donnée, le droit
de bouleverser la société pour être refondue
d'après cette doctrine : c'est là toute l'erreur des novateurs qui veulent diriger l'ordre
social, par des systèmes et des abstractions.

Les découvertes dans le monde moral ne
donnent à personne le droit de détruire les
sociétés existantes, ou celui de les changer,

ce qui est la même chose : seulement ces découvertes avertissent l'autorité de sa position, et des précautions qu'elle doit prendre pour gouverner sagement. Quant au devoir de l'autorité, ce devoir reste toujours le même; il est de conserver l'état social, et de respecter l'ouvrage de la Providence. Sans doute lorsque des abus se sont introduits, ces abus doivent être corrigés par l'autorité; mais remarquez bien que cette correction n'est pas une innovation, c'est toujours une conservation. Les abus tendent à miner ce qui existe, donc la réforme de ces abus est une œuvre conservatrice.

Ici, je vais vous découvrir la cause principale des malheurs de la révolution, et vous serez étonné d'apprendre que c'est aux Rois et aux grands de la terre que doivent être attribués ces malheurs. Cette cause consiste en ce que les hommes dépositaires de l'autorité se sont mépris sur le but de leur mission.

Les princes n'ont pas vu que l'autorité ne leur ayant été confiée que pour gouverner une société parvenue à un état donné, tout ce qu'ils font pour changer cet état est une atteinte à leur devoir et une désobéissance à la Providence. Les grandes phrases des novateurs les ayant séduits, ils ont oublié la nature de leur pouvoir ; et chargés de conserver, ils se sont mis à détruire, sous prétexte de perfectionner : mais ils ont été bien trompés dans leur attente. Ils pouvaient bien détruire, parce que la destruction est du fait de l'homme, mais ils ne pouvaient pas créer, parce que la création est du fait de *Dieu* : les destructions une fois réalisées montrèrent leur nullité et amenèrent l'anarchie.

De fait, si les gouverneurs des nations n'avaient jamais appuyé de leur autorité les réformes destructives proposées par les novateurs ; jamais les révolutions que nous avons vues, et celles que nous verrons ne seraient arrivées. Lorsque *Luther* proposa de ne plus reconnaître l'autorité de l'Église en matière de Religion, et de soumettre l'Évangile à l'interprétation de la raison individuelle, si quelques princes Allemands n'avaient pas sanctionné de leur autorité ces pernicieuses maximes, la rêverie de *Luther* fût restée dans sa tête, et l'Univers n'en eût pas éprouvé les funestes effets. Lorsque les philosophes de 1789 proposèrent la refonte de la société Française, et offrirent niaisement de lui fabriquer une nouvelle Constitution, *si Louis XVI* n'eût pas prêté son autorité pour réaliser cette chimère, la révolution n'eût pas commencé son épouvantable période. Et qu'on ne s'en prenne pas ici aux philosophes ; les philosophes en raisonnant, faisaient leur métier, mais *Louis XVI* en agissant, oubliait le sien, parce qu'il n'était pas Roi pour détruire mais pour conserver.

Une chose inexplicable, c'est de voir aujourd'hui les ministres de France partager la même erreur, et après ce qui s'est passé, se croire encore appelés à détruire pour réaliser des systèmes. Répétons aux ministres devenus souverains dans les combinaisons du gouvernement dit *représentatif,* ce que nous avons dit aux souverains eux-mêmes ; c'est que leur mission comme ministres est de gouverner, et qu'essayer des systèmes sur une nation n'est pas la gouverner.

Les Rois, arrivés au trône par la légitimité, doivent prendre l'autorité telle qu'ils la trouvent fondée, pour la passer à leurs successeurs sans l'altérer suivant leurs caprices. Les ministres nommés par les Rois doivent également exercer leur mission suivant les lois fondamentales qu'ils trouvent établies, sans chercher à altérer ces lois pour obéir à des systèmes. Leur devoir est de respecter l'état social et non de le changer; créer n'est pas gouverner, et les ministres ne sont nommés que pour gouverner. Si la Providence a mal arrangé les choses, elle les rectifiera mieux qu'eux, et le temps en fera plus que la hache ministérielle.

Dans l'examen que j'ai fait de la Charte royale, je vous ai démontré par le raisonnement, et en ne sortant pas du domaine de la pensée, les dangers de la doctrine qui a présidé à sa rédaction; ces dangers ne donnent pas aux ministres le droit de détruire ou d'altérer cette base sociale qu'ils ont fait serment de maintenir. D'abord des hommes qui doivent conduire les autres, ne commencent pas par fausser leur conscience et par donner l'exemple du jeu des sermens; ensuite quand un ministre est nommé par le Roi, c'est pour gouverner d'après l'état de législation où se trouve la chose publique ; s'il veut changer cet état, ce n'est plus un ministre, c'est un usurpateur qui veut substituer sa raison à la marche de la Providence.

Celui qui est nommé ministre, et qui ne se sent pas capable de gouverner avec ce qu'il trouve établi, doit se retirer, et ne pas accepter une mission qu'il ne peut pas remplir. S'il n'a pas le talent de gouverner, quand une base fixe lui est donnée, quand dans ce qui existe il trouve un pivot solide où placer son levier ; comment le fera-t-il en détruisant ce pivot, en ébranlant la société et en remettant en discussion les fondemens de l'état social ? Lorsqu'un médecin est appelé, il ne s'avise pas de vouloir changer la constitution de son malade ; il part de cette constitution et agit suivant les préceptes de son art. Il en est de même d'un ministre appelé à gouverner une nation ; la Providence a préparé les choses, il doit les prendre telles qu'elles sont ; son point de départ est donné, et si d'ailleurs il a quelques connaissances en rapport avec ses fonctions, il doit savoir qu'il n'y a de société possible qu'avec la fixité, que cette fixité n'a point de bonté absolue, et qu'elle doit être respectée par cela seul qu'elle existe. *Descartes* ne demandait qu'un point d'appui pour faire mouvoir l'Univers ; le vrai politique quand il a rencontré ce point d'appui, se garde bien de le détruire pour en chercher un 'autre.

Louis XVIII, au nom de la Providence, a donné une Charte à la France ; bonne ou mauvaise, cette Charte est le point d'appui du gouvernement, les ministres doivent s'y tenir. Si cette base produit des effets malheureux, ce n'est pas leur affaire ; ils ont rempli leur devoir en la respectant, leur conscience est tranquille, et celui *qui sonde les cœurs et les reins* a vu leurs efforts pour le bien ; cela doit leur suffire. Qu'ils aient le courage de ne pas se laisser prendre aux éloges pompeux donnés à leur génie créateur : il n'y a pas de génie à faire ce qui n'est pas dans votre mission. Un ministre qui invente de beaux systèmes ne doit pas être plus célébré qu'un ministre qui fait de beaux tableaux ; faire des systèmes ou des tableaux n'est pas gouverner ;

et le devoir des ministres est de gouverner. Si un ministre veut se livrer à des idées systématiques, il faut qu'il quitte la toge ministérielle, qu'il prenne la lampe du savant, et que retiré dans le cabinet, il parcoure à son aise l'immense domaine de la pensée. Là, il pourra se livrer sans réserve à tous les élans d'une belle âme et d'une imagination brillante ; mais sur le trône ministériel, il est comme les Rois le serviteur de la Providence ; il doit respecter ce qui existe, et craindre après *Dieu* d'altérer cette fixité sans laquelle il n'y a plus de société.

Au moment où je vous écris cette lettre (1), la France vient d'être jetée dans un bouleversement dont il est difficile de prévoir le résultat, le tout pour une idée systématique. Vous savez que la Charte royale porte l'établissement d'une Chambre de députés des départemens nommés pour cinq années et renouvelés par cinquième : les ministres ont pensé qu'il

______

(1) En février 1824.

leur serait plus commode de gouverner avec une Chambre renouvelée intégralement et seulement tous les sept ans. Ce système a été appelé la *septennalité* ; c'est ce système que les ministres ont proposé de réaliser en France.

La septennalité en elle-même peut être une bonne chose ; elle éviterait les orages annuels des élections ; elle donnerait une assiette plus stable à la puissance législative ; elle faciliterait l'action du gouvernement, et peut-être est-il à regretter qu'elle n'ait pas été insérée dans la Charte royale. Mais ce n'est pas la bonté absolue d'une institution qui doit diriger des ministres ; cette bonté n'est toujours qu'un système, et les ministres ont des devoirs positifs à remplir : le premier de ces devoirs est de respecter le *statu quo* du gouvernement auquel ils sont appelés. En voulant réaliser le système de la septennalité, les ministres de France se sont trompés sur leur mission : ils ont méconnu leurs véritables fonctions, et se sont jetés tout-à-fait hors de la sphère qui leur était prescrite. Ce faux pas les perdra infailliblement, et ils seront renversés pour avoir voulu une chose peut-être bonne en elle-même, mais qui n'était pas dans leurs attributions. On renverrait à l'école militaire un général qui, étant chargé d'une campagne, au lieu d'agir, rêverait au moyen de perfectionner ses instrumens de guerre ; des ministres qui, au lieu de gouverner, s'occupent de changer la base qui leur a été donnée comme un point de départ, doivent également être renvoyés à l'apprentissage ministériel.

Je ne veux pas examiner ici la question de la septennalité : tout est tranché par le défaut de mission dans les ministres ; mais je veux vous faire remarquer de quelles difficultés préliminaires est entouré le projet, et vous reconnaîtrez combien est aveugle l'espèce de système qui n'a pas même entrevu ces difficultés.

1°. Pour arriver à la septennalité, il faut que les ministres violent le serment qu'ils ont fait de maintenir la Charte comme la base du gouvernement dont ils sont chargés. Ici le serment des ministres ne saurait être regardé comme une vaine formalité ; ce serment est le cautionnement d'une obligation bien positive qui est de gouverner suivant la Charte ; or, à côté de ce serment qu'est-ce qu'une démarche qui tend à changer ce que l'on a juré de conserver intact ? Il n'en est pas du serment prêté à la Charte par les personnes attachées au gouvernement, comme du serment demandé aux simples particuliers. La Charte ne contient pas d'obligation précise pour un simple particulier, mais elle est une loi formelle pour celui qui exerce l'autorité : donc le ministre qui cherche à changer la Charte manque à son serment : et son intention de faire mieux ne saurait l'excuser, parce que le mieux pour un ministre est de suivre la loi de son institution, comme le mieux pour le simple citoyen, est d'obéir à l'ordre qui lui est donné. Le citoyen en état de désobéissance ne serait pas excusé en disant qu'il fait mieux que l'ordre donné : le ministre ne le sera pas non plus, en cherchant, au mépris de ses sermens, à changer la base de son institution, sous prétexte de la perfectionner.

2°. En voulant réaliser la septennalité, les ministres dérangent la fixité du gouvernement, chose sans laquelle il n'y a plus d'état social possible. Je le répète, la première chose pour gouverner, c'est d'avoir un point de départ fixé ; ce point de départ n'a pas de bonté absolue : il suffit qu'il existe, fût-il vicieux en lui-même, sa fixité corrigerait tout. Est-il rien de plus monstrueux que les divinités des Payens ? Cependant la fixité du culte Payen a soutenu pendant 800 ans le gouvernement de Rome : comment auraient été reçus dans le Sénat romain les *Camilles* et les *Fabius*, si, sous prétexte de perfectionner, ils étaient venus proposer une réforme parmi les Dieux de leur patrie ? Sans remonter si loin, voyez l'Angleterre, ce pays du raisonnement où l'on a puisé l'idée de la septennalité ; y a-t-il au monde quelque chose d'aussi absurde que l'établissement des *bourgs pourris*, et ce droit de nommer des Députés, qui se vend et s'achète comme une marchandise ? Cependant les ministres Anglais s'avisent-ils de demander la réforme du système électif, et ne font-ils pas au contraire tous leurs efforts pour maintenir le *statu quo* qu'ils ont trouvé dans le gouvernement ?

Bien

Bien convaincus qu'on ne remue pas les sociétés comme on remue des matelas, les hommes d'état d'Angleterre, tout en paraissant nous encourager à prendre la septennalité, sourient en eux-mêmes de notre niaiserie, et s'apprêtent à profiter de l'état où va nous jeter l'abandon d'un gouvernail pour voguer sur la mer politique.

3°. Pour arriver à la septennalité, il faut agiter toute une nation, et faire remonter sur l'eau cette fange bourbeuse qui commençait à se fixer au fond du torrent. La manie de raisonner sur les affaires publiques se dissipait insensiblement ; et voilà tout-à-coup le peuple rappelé à ces discussions dangereuses, au milieu desquelles il est si facile à égarer. Le citoyen qui commençait à s'occuper de ses affaires, va les quitter de nouveau pour faire de la politique. La septennalité est-elle constitutionnelle ? La septennalité est-elle une institution convenable à la France ? L'est-elle aux circonstances ? etc............ Je vois les jours de 1789, gare à ceux de 1792 !

4°. Les ministres connaissent les inconvéniens du renouvellement quinquennal et partiel ; connaissent-ils ceux de la septennalité ? Le raisonnement leur a démontré l'avantage de cette dernière institution, mais l'avenir leur montrera peut-être des inconvéniens cachés en ce moment, qui surpasseront de beaucoup l'avantage : et quand il serait vrai que la septennalité fût une chose bonne par elle-même, le passage pour y arriver n'est-il pas semé d'écueils, et connaissons-nous les dangers qui nous y attendent ? En 1789, le gouvernement dit *représentatif* était un gouvernement admirable dans les raisonnemens de ses prôneurs. Combien parmi eux cependant auraient voulu depuis, au prix de tout leur sang, n'avoir jamais songé à réaliser cette découverte si vantée alors ! Ah, profitons de l'expérience ; apprenons, par vingt-cinq années de malheurs, à nous tenir à un point fixe, quelque vicieux qu'il paraisse à notre imagination, et rapportons-nous-en à la Providence, plutôt qu'à la raison humaine, pour corriger les imperfections des institutions légitimes.

Ce dogme de la Providence semble aujourd'hui être méconnu de tous côtés ; que l'on sache donc bien que le doigt de *Dieu* est toujours là, que sa bonté n'abandonne pas un moment le soin de l'Univers, et que la pente des choses vers l'ordre est un principe de la création : *mens agitat molem*. Les choses les plus informes se rectifient par le temps ; le temps a corrigé les mœurs grossières de nos pères ; le temps a corrigé les vices du système féodal ; il corrigera aussi les imperfections de la Charte. Le temps, comme l'a très-bien dit un publiciste distingué, est le premier ministre de la Providence ; n'anticipons pas sur ses fonctions, et attendons ses ordres.

5°. Sans rechercher si la septennalité est une institution bonne ou mauvaise en elle même, demandons-nous à qui appartient le droit de l'établir. Ici vous allez reconnaître la plus dangereuse des erreurs. Deux mots pour expliquer mon idée :

La révolution ayant renversé toutes les institutions sociales, le Roi en 1814 a donné à la France une *Charte constitutionnelle*. Qu'était-ce que son droit à cet égard, et pourquoi la Charte est-elle un objet sacré pour les Français ? Le voici :

Dieu sans la permission duquel rien n'arrive dans l'Univers, fait seul les constitutions des peuples. Tantôt il les crée petit-à-petit, comme il avait fait à l'égard de l'ancienne constitution Française ; tantôt il les crée subitement, comme il est arrivé à l'égard de la Charte royale de 1814. Dans tous les cas, il nous donne ses ordres par l'intermédiaire des Rois, comme il nous annonce ses volontés religieuses par la voix des Prophètes. Les Princes de la terre, ne pouvant parler à chacun de leurs sujets, font annoncer leurs ordres par les différens agens du gouvernement ; *Dieu*, ne pouvant se montrer aux peuples, chaque fois qu'il permet quelque changement dans leur existence politique, leur fait savoir ses volontés par les légitimes possesseurs de l'autorité. Les Rois sont pour les peuples les secrétaires d'État de la Providence, ils contre-signent les volontés constitutionnelles, donc ils ont le pouvoir constitutionnel. Voilà la cause du respect que vous devez à la Charte.

Ce ne sont pas, comme on le répète si mal-à-propos de tous côtés, la sagesse et la raison des combinaisons portées dans la Charte, qui doivent commander votre soumission , c'est le caractère sacré de son auteur. Nous respectons les vases consacrés aux autels, sans nous informer s'ils sont de cuivre ou d'or; il en est de même de la Charte : il ne s'agit pas de sa qualité ; du moment où le Roi l'a donnée, elle est bonne : elle serait tout-à-fait contraire à ce qu'elle est qu'il faudrait lui obéir également ; c'est la volonté de *Dieu* qui a parlé par l'organe de l'autorité légitime. Sortez de-là, vous tombez dans le galimatias de la souveraineté du peuple ; *Dieu* ou le cahos : il n'y a pas de terme moyen pour les hommes.

Ah ! s'il faut une base fixe pour appuyer une société, comme il faut un terrain solide pour élever un bâtiment, où prendre cette base ailleurs qu'auprès de celui qui a créé l'Univers et qui le dirige ! Nous voulons toujours juger les choses par nos yeux, et parce que nous ne voyons pas la personne de *Dieu* intervenir et nous dicter une constitution, nous ne reconnaissons pas sa puissance : cependant avec la faculté spirituelle dont l'homme est doué, n'aperçoit-il pas tous les jours des choses qui ne tombent pas sous ses sens ? Ne voit-il pas *Dieu* dans l'harmonie continuelle de l'Univers ? Ne le voit-il pas dans cette tendance à l'ordre répandue dans tout ce qui existe ? Animaux, végétaux, minéraux, tout nous montre *Dieu* ; les sociétés seraient-elles exceptées de l'ordre général, et les corps politiques auraient-ils seuls la triste faculté de rester isolés et de puiser leur existence hors de la source commune des choses ! Répétons-le, il n'y a que *Dieu* qui fait les constitutions politiques ; les Rois, marqués du sceau de la légitimité, sont ses délégataires, quant à ce pouvoir ; et c'est en cette qualité que Louis XVIII a donné la Charte royale.

Maintenant, arrivons à la septennalité. La septennalité est une institution contraire à celle portée dans l'article 37 de la Charte royale : proposer la septennalité est donc proposer de réformer la Charte ; à qui cette proposition doit-elle être faite ? Évidemment c'est au pouvoir constitutionnel, c'est au délégataire de la Providence, c'est au

Roi légitime. Cependant les ministres se sont adressés à une nouvelle puissance instituée par le Roi lui-même, sous le nom de puissance législative ? Ainsi donc la première prérogative royale , la prérogative constitutionnelle est méconnue par les ministres. Cette faute entraînera plus de malheurs qu'un grand crime.

Si les ministres de France voulaient y établir la septennalité , ils n'avaient pas besoin de soulever toute la nation et de conjurer un orage populaire ; ils n'avaient qu'à s'adresser au Roi, et à lui demander de marquer de la légitimité le changement qu'ils désiraient dans la Charte ; leur piété, leurs devoirs , leur respect pour la légitimité devaient leur enseigner que c'était là l'unique voie à prendre. Puisque le Roi seul a donné la Charte , lui seul a nécessairement le droit d'y faire les changemens que demande l'expérience. On ne peut concevoir comment une idée si simple a échappé aux ministres. Certainement ils ne veulent pas refuser au Roi le droit qu'il a eu de revêtir la constitution du sceau de l'autorité ; pourquoi donc alors lui en-

lever ce droit à l'égard des additions de-
venues nécessaires ? Pourquoi le Roi au-
rait-il besoin d'adjoints pour corriger ce
qu'il a pu faire seul ? Et qu'est-ce qu'un
droit qui se trouverait détruit par l'exer-
cice même du droit ?

Les ministres, en s'adressant à la puissance
législative, ont insulté à la majesté royale;
et quelle insulte que celle qui tend à en-
lever au Roi cette belle prérogative que
lui a délégué la Providence, celle de raffer-
mir et consolider la nation Française ! Je
dirai plus, non-seulement ici les ministres
nous ont enlevé notre avenir ; mais ils ont
encore attaqué le passé, en jetant des doutes
sur le droit qu'a eu le Roi de donner la
Charte de 1814. En effet de deux choses
l'une ; ou le Roi a légitimement exercé seul
le pouvoir constitutionnel en 1814, et alors
pourquoi ne l'exercerait-il pas encore aujourd'hui ? Ou le Roi a besoin d'adjoints
pour exercer le pouvoir constitutionnel, et
alors pourquoi l'a-t-il exercé seul en 1814?
Il n'y a pas de raisonnement qui puisse répondre à cette alternative.

Comment d'ailleurs les ministres n'ont-ils pas aperçu l'atteinte qu'ils portaient à l'unité du pouvoir, ce premier des principes dans toute institution politique? Les ministres en s'adressant à la puissance législative élèvent ici deux pouvoirs constitutionnels : car si la puissance législative peut changer la Charte, elle est donc pouvoir constitutionnel : entre ces deux pouvoirs, que va devenir la France? Dans les produits de ces deux pouvoirs, comment distinguera-t-on ce qui appartient à la constitution d'avec ce qui appartient à la marche ordinaire du gouvernement? Et s'il s'élève quelque débat entre les deux pouvoirs, quelle en sera l'issue?.... Je le sais, les cent mille bras du peuple décideront; mais les ministres vanteront-ils leurs talens, quand ils auront mis le sort de la France à la discrétion des cent mille bras du peuple.

Revenons toujours au *droit* : dans la carrière politique comme dans la vie privée, il n'y a pas d'autre boussole. La puissance législative n'a pas le pouvoir constitutionnel, donc elle ne peut pas s'occuper de la septennalité. On s'abuse étrangement, quand on attribue les crimes et les malheurs de la révolution , aux combinaisons maladroites des révolutionnaires. Ce n'est pas cela, c'est le *droit* qui a manqué, et ce défaut de droit a amené les tristes résultats que nous avons vus. Supposons un homme qui se livrerait au métier de brigand pour faire ensuite l'aumône avec les richesses qu'il aurait volées ; les révolutionnaires sont dans cette position : ils veulent faire le bien des peuples, mais ils ne regardent pas aux moyens ; que ce soit par l'usurpation , le vol ou l'assassinat, il n'importe : c'est-là la plus déplorable des erreurs.

Dans l'ordre social, pour bien agir il faut d'abord avoir le droit d'agir, c'est-là la première condition : toute action faite sans droit est une usurpation , et cette action fut-elle un acte d'héroïsme, n'en est pas moins coupable. *Manlius* fit mourir son fils pour avoir vaincu sans son ordre. Lorsque les députés aux États-généraux s'ingérèrent de donner une nouvelle constitution à la France, s'ils avaient envisagé leur droit à faire cette œuvre, ils se seraient arrêtés, et la révolution ne serait pas arrivée. Si les vainqueurs du 10 août avaient pu penser un moment à rechercher leur droit à proclamer la république, la république n'eût jamais existé. Les uns et les autres ne voulaient certainement pas les malheurs qu'ils ont amenés, mais leur défaut de droit a amené ces malheurs malgré eux.

Si la puissance législative n'a pas la sagesse de rejeter l'usurpation qu'on lui propose, le défaut de droit produira à son égard les mêmes effets qu'il a produits dans l'Assemblée constituante et dans la Convention. En vain on prouvera par de beaux raisonnemens que la septennalité est une bonne institution et que l'on ne peut gouverner sans elle ; ce n'est pas-là où gît la difficulté : la puissance législative a-t-elle le pouvoir constitutionnel, voilà toute la question. Si la puissance législative n'a pas le pouvoir constitutionnel, (et elle ne l'a pas), tout ce qu'elle fera sur la septennalité tournera contre l'ordre social et ne produira que de malheureux résultats.

Le plus cruel de ces résultats sera de rouvrir l'abîme de la révolution fermé par la Charte. La puissance législative une fois investie du droit de changer la constitution sur un point , voudra bientôt la changer sur tous les points : le mouvement une fois donné, rien ne pourra plus l'arrêter, et de réforme en réforme , la monarchie se trouvera une seconde fois la république. Je sais que ce n'est pas la Chambre des Députés qui va être nommée, qui proclamera la république, mais trois ou quatre cassations de Chambres , même septennales, suffiront pour décider l'affaire. Contre ce danger il n'y a qu'un moyen de salut, c'est de s'en tenir au *droit*, c'est de s'en tenir à l'unité du pouvoir constitutionnel fixé entre les mains du Roi par la Providence ou la légitimité, ce qui est la même chose. Si deux pouvoirs constitutionnels sont élevés l'un contre l'autre, c'en est fait de la France, et vous pourrez assister à une seconde représentation de la révolution de 1789.

Je connais les grands raisonnemens que l'on fera pour motiver l'attribution du pouvoir constitutionnel que l'on veut faire à la puissance législative. Les uns diront que reconnaître le pouvoir constitutionnel entre les mains du Roi seul, ce serait établir le gouvernement absolu, comme si la constitution et le gouvernement étaient une même chose. Les autres mettront en avant une nouvelle découverte appelée *omnipotence parlementaire ;* d'autres encore prouveront que le Roi lui-même a délégué le pouvoir constitutionnel à la puissance législative en se réservant seulement l'initiative et la sanction, etc. Ce n'est pas ici le lieu de répondre à tous les sophismes qui seront débités pour soutenir l'usurpation que l'on veut faire au profit de la puissance législative : mon but dans ces Lettres est de vous faire connaître les principes fondamentaux de l'ordre social et les conséquences qu'entraîne la violation de ces principes. J'ai rempli ce but, en ce qui touche la septennalité. Puissé-je ne pas voir fortifier mes prédictions par l'expérience !

Quoiqu'il en soit, vous le voyez, que de questions avant d'arriver à la septennalité ! et cependant la septennalité n'est qu'un système. Que les hommes sont donc aveuglés par l'amour-propre, et qu'ils seraient plus heureux s'ils suivaient simplement la doctrine du devoir ! Si les ministres de France n'avaient pas oublié leur mission qui est tout bonnement de faire marcher la Charte et non de la corriger; s'ils n'avaient pas eu l'orgueilleuse prétention de perfectionner l'œuvre de la légitimité, tout serait tranquille. Leur conscience serait à l'abri, les Français continueraient de regarder la Charte comme la base de leur gouvernement; la Providence et le temps eussent petit-à-petit amendé les imperfections de cette base, et la France n'eût pas éprouvé une nouvelle crise politique. . . . .

. . . .